A

A

CARLA SUHR

Valparaíso
EDICIONES

Número 555 de la Colección VALPARAÍSO DE POESÍA
dirigida por FEDERICO DÍAZ-GRANADOS

Diseño de la colección: Chari Nogales

Maquetación: Ciclo Creativo
Imagen de portada: Double Compass, 2, Greg Cohen

Primera edición: febrero de 2026

  ISBN: 979-13-88007-36-1
  Depósito Legal: GR 183-2026

  Impreso en España - *Printed in Spain*
  Gráficas Gami

A

a quienes nos invitan a bailar
to those who make us dance

Me entrego a ti como me entregaría
a la muerte, sin nada en las manos

SOBRE CONEXIÓN _____

SILENCIOS [ ]

no es un monolito el silencio
sus innumerables capas apelan
al rencor al placer al asco
a la nostalgia a la desesperación
al desaliento al entusiasmo a la pasión
al dolor a la admiración y, en sus recovecos,
al amor

reconozco nuestros silencios
sus silencios tus silencios mis silencios
más allá de la ausencia del sonido
más allá de la pausa entre los golpes de tu voz

escuchemos sus ecos rebotando en nuestra piel
continúan transmitiendo lo que las palabras
fueron incapaces

tipología del silencio:

el silencio donde se muestra nuestro verdadero ser
[aquí me tienes, a escondidas]

el silencio que reclama [dame espacio]
el silencio que grita [¡no aguanto más!]
el silencio grisáceo que desvela [estamos aburridos de
nosotros mismos]
el silencio que afirma [no me interesa tu conversación]

el silencio refrescante que empodera [tu miseria es tu miseria ahora. yo hoy me he levantado a danzar con las mariposas]
el silencio que se ríe del otro [mientras tú me hablas yo pienso en D'Artacán]
el silencio que se ríe con uno mismo [este chiste buenísimo me lo guardo para mí]

el silencio tormentoso que se resigna [estoy harto de tu impuntualidad]
el silencio que responde encogido [lo siento]
el silencio que nos ayuda a procesar
el silencio que exclama [¡joder!]
el silencio que dice [fóllame]

el silencio punzante que cuestiona [¿cómo es posible que seas mi padre mi madre mi hijo mi hermano mi primo. somos tan diferentes. ¿cuánto queda para que nos vayamos?]
el silencio que desea [ojalá me entendieras]
el silencio que revela [tanto hablé de ti como tan poco contigo]
el silencio que reconcilia cálidamente
el silencio que nos conecta

el silencio que magnifica el siguiente verso, la siguiente escena
el silencio que invita a la mirada dulce
el silencio que se declara [eres lo mejor que me ha pasado en mi vida]
el silencio incandescente que anhela alargar este momento

el silencio que aprecia [qué a gusto se está con quien se
puede estar en silencio]
el silencio que asiente [estás hablando demasiado]

el silencio no tiene pluma
por eso escribimos poesía

EMPATÍA

aquí estamos, de nuevo,
asomados el uno al otro

y ahora

cuéntame al tacto
qué te produce confort
cántame cada día
al gusto de tu dolor
acaríciame al oído
visítate el corazón
acompaña mi vista
en su curiosidad
por degustar
y abrazar
tu vida

NOS VEMOS ATRÁS

¿me guardas un espacio
in the back of your mind?
de vez en cuando me pregunto

si compartimos el mismo jardín

un ágora verde
con dos entradas enfrentadas
que se miran cara a cara
y dos salidas a mundos
desconectados entre sí

un cobertizo al descubierto
donde tendemos nuestras alfombras
donde se apaciguan nuestros cuerpos
y donde, momentáneamente,
nos alzamos victoriosos

un jardín trasero
con una puerta de entrada
generosa
amable
sin claves secretas
con manilla sin cerrojo

LATIDOS

me acerco tan
lejos que a cada pálpito
puedes sentirnos *tun*
tun tun tun
y lato contigo
ensueños desnudos
bañados en barro

me alejo tan
cerca que me tocas suavemente

                                                las vísceras

parálisis que estremece
en la ausencia de tu presencia
en la presencia de tu ausencia

y llega la calma
de las manos que conocen mi ser
y doy gracias
por su existir

tun
tun
tun
tú

y yo

AL CAMINAR POR LAS CALLES

alcancé a vivir siglos andando unas horas
Concha Méndez

¿alguna vez soñaste
que me hablabas
desde adentro?
¿u osaste a recitarme
a distancia
en la luz de la mañana?

¿cuántas veces
abrazaste la luna
para pensarme
más cerca
o tomaste
baños de sal
para olvidar
mis entrañas?
¿alguna vez atravesaste
puertas de hierro
en pasadizos nocturnos
para alcanzar
mi mirada?

¿me olvidaste?
¿me pensaste
más cerca?

¿y alguna vez te preguntas

si aún te escucho
tan adentro
o te descuido
con tanta frecuencia?

en la respuesta
suenan… sonetos
de aguas saladas
—sí— pues cada año
brotas
         brotas en silencio
y sigo rompiendo
puertas de hierro
para alcanzar
tu presencia
y llegar
a tu encuentro

ANOCHE

pasé de largo como tantas otras veces con el hilo y la aguja
entre mis dedos pudiendo haber remendado tus grietas
que seguían exudando. quise abastecerte de algodones
remojados en jazmín blanco y arroparte conmigo en el
deshielo encapuchados. pasó de largo sin embargo tu
retrato y tu rostro cada vez más descolorido tus roñosas
muletas tus dientes ya desgastados se sentían aún tan suaves
sin embargo. se apresuraban a llamarme. quise contarte
los paseos en bicicleta las torres construidas los sueños aún
soñados en los que figurabas en primer plano por tantos
tantos años. quise devolverte la voz que me conquistaba la
mirada profunda y el avión pasó de largo. quise vivirte que
me vivieras y el tiempo pasó de largo. quise escribirte un
mensaje cada vez que pasé de largo y sin embargo:

hola→soy yo ¿cómo estás?→¿estás descansando? traigo hilo
aguja y algodón perfumado→tengo ganas de ver el lunar de
tu cara y escuchar tus muletas pasear en bicicleta→quiero que
vivamos torres soñadas⌫
hola→soy yo ¿cómo estás?→¿estás descansando? traigo hilo
aguja y algodón perfumado→tengo ganas de ver el lunar de tu
cara y escuchar tus muletas pasear en bicicleta→quiero que ⌫
hola→soy yo ¿cómo estás?→¿estás descansando? traigo hilo
aguja y algodón perfumado→tengo ganas de ver el lunar de tu
cara y escuchar tus muletas pasear en bicicleta⌫
hola→soy yo ¿cómo estás?→¿estás descansando? traigo hilo
aguja y algodón perfumado⌫
hola→soy yo ¿cómo estás?⌫
hola⌫hol⌫ho⌫h⌫⌫

ENTRE AQUÍ Y ALLÍ

we have, each of us, nothing.
we will give it to each other
CAROLYN FORCHÉ

consumarnos
mientras leo a Sabina

qué largo camino
recorremos ya
alimentado por baladas
y manos entrelazadas
intermitentemente
a través de los años

cuéntame tus recuerdos
de alcobas anaranjadas
que nunca ocupamos
de aquella azotea
en que nos respiramos

recógeme
y sigamos contando

luces sonoras
de copas y cantos
de bailes desenfrenados
de besos encallejados
de abrazos y abrazos
sin sollozos

sin acuerdos
sin ensayos

llegaremos a encontrarnos
de nuevo
—al otro lado del océano—
con fábricas que nos saluden
con lunas llenas que nos
alumbren

y tal vez,
en otra vida,
en la misma órbita,
cambiaremos el no
podemos
por el sí podemos
y quizás entonces,
en otra vida,
en esa vida,
seremos koalas
por siempre
de madrugada

EL SENTIR DE UN ABANICO

vanidosa enredadera
trepando sin mirar atrás —sí, tú—
¿qué pureza cuestionas
ante un tesón que exige más... más... más...?

he aquí deseos y bondad
apalabrando contradicción
al tiempo que la virtud se brinda a la pasión
¿se enfrentan? ¿se necesitan? ¿se piden rendición?

válganos una llamada
una caricia, un suspiro en el adiós

ese avance en cámara lenta
en los ojos del ruiseñor
despliega su abanico del realismo con fervor
manifiesta los límites del idealismo frente al sol

proseguimos:
proyectando veladas
reclamando fogatas
noches de ardor
supurando sudor
destape al servicio del destape
de tus ropas al corazón

—fugaz conexión del nunca acabar—
esa que nos aferra inquietantemente
y que penetra sin olvidar

NUNCA CREÍ EN
EL CONDICIONAL COMPUESTO

te habría elegido una y otra vez en cada subasta y si
no hubieras te habría escuchado pasear entre las hojas
secas y si no hubieras te habría llevado a purificar tu
cuerpo de las noches de tormenta y si no hubieras
te habría susurrado a través de las montañas y si no
hubieras te habría llamado cuando me necesitabas y
ofrecido té de jengibre con mandarina y una cobija
vieja y si no hubieras te habría acompañado a bañarte
en los arroyos y las cascadas más altas y si no hubieras
mis ecos te habrían empoderado y tu pecho se habría
alzado entre las tinieblas y, entonces, si hubieras
habríamos revoloteado entre manglares habríamos
creado habríamos amado y, así, bajo la condición de su
existencia, nos habríamos perdido

nos habríamos encontrado

I NEVER BELIEVED IN
THE CONDITIONAL PERFECT

I would have chosen you again and again at every auction
and if you hadn't I would have listened to you walking
among the dry leaves and if you hadn't I would have taken
you to purify your body from those storm-filled nights
and if you hadn't I would have whispered to you across the
mountains and if you hadn't I would have called you when
you needed me and offered you ginger–mandarin tea and
an old blanket and if you hadn't I would have gone with
you to bathe in the streams and the tallest waterfalls and if
you hadn't my echoes would have empowered you
and your chest would have risen through the darkness
and then, if you had we would have fluttered among
mangroves we would have created we would have loved
and thus, under the condition of its existence, we would
have lost ourselves
we would have found each other

PATRONES HEREDADOS

me incomodo, gemías
me veo en ellos —mis antepasados—
cuando paro a observarme, frente a frente,
de costado

son pesadas las cargas heredadas
se acarrean en mis espaldas
como pulgas encaramadas
pegadas bien pegadas

esos patrones aprendidos
que dictan mis más repulsivas
reacciones
los identifico al detenerme
aflorando, reprimidos,
me incomodan
me hacen reír entre dientes

somos curiosas las personas
¿no crees?, me preguntabas
replicamos lo repudiado
tan eficazmente
tomamos esos relevos agonizantes,
configuraciones, secuencias,
composiciones

se repiten los patrones —me incomod/o/:

cállate no me haces cas/o/ cada uno por su lad/o/ gritos
de esquina amenazand/o/ lo inimaginad/o/ puños
transparentes que perpetúan lo renegad/o/ tú entras yo
salg/o/ golpe en la trastienda de cuando en cuand/o/
regreso apresurad/o/ colocando recolocand/o/ trapeando
retrapeand/o/ hasta que todo quede colocado muy
colocad/o/ rehacer rellamar cuando no es necesari/o/
encontrar excusas antes de probarl/o/ temer lo
inventad/o/ limitar un potencial extraordinari/o/

se repiten los patrones —nos incomodamos:

nos abstenemos de la savia que aún nos invita de repente
acostumbrados a morir en vida tragando en un sofá
anticuado desgastado nos conformamos con no hacernos
caso con admirar a los que lo intentaron tras en cuando
cuestionando si todo ha sido en vano

y un día

A LAS AFUERAS DEL RUEDO

en la puerta de autoridades
descansa mi espalda
mojada, embarrada

lugares que enfrentan
impulsos contenidos
alardes nocturnos
de esperanza
imaginada
de esperanza
realizada

revoloteando en su
milésima el segundo
que nos imanta
aplauso al recluso resistiendo
celebrando en la sombra
su surgir anticipado
inminente
repulsado
reciclado

deslizándonos frágilmente
el uno en el otro

salpicándonos

CASA

galopadas despeinadas
sin montura
     con las manos sueltas
de regreso a la vulnerabilidad
mía
de camino a la honestidad
tuya

REVIVIR COMO EN UN
ANTIGUO CUENTO MARINERO

revivir con José Hierro entre las olas
sin saber si aprendemos música o conciencia
como en un antiguo cuento marinero
tras las huellas de Silda en Sotileza

reaprender el ahora que,
en ocasiones, pasa desapercibido
reclamar tu lugar:
el que solo tú puedes pisar
el que solo tú puedes ofrecer
el que solo tú puedes regalar

remar en salitre *ramer dans le vent salé*
recrear la brisa que nos empuja batiente
homenaje a quien surca los mares
y abraza horizontes lejanos
acompañado por las fuerzas
que en su cercanía enardecen

virtud placentera
tendiéndose a una desembocadura
de eterna nitidez
de amaneceres sonrientes
plegándose y despertándose
al son del saber ser
al compás del saber estar

resplandecer innato que el anhelo
conoce como su descansar

A LA ESCUCHA DE UNA HOJA CAÍDA

hoy llamó a la puerta Paz
y Octavio abrió la ventana
perdiendo su vigilia
vanidosa entumecida-mente
ante su querencia de brillar
una vez más por siempre

en un arrastre sigiloso
a través del milenio
con el fin de llegar a ti
pensó

vengan en manadas
quienes a falta de amor
se encuentran por sorpresa
los paseantes sin rumbo
aquellos que se olvidaron
de sí mismos

el pasado entonces
quedó interrumpido
por el caer de una hoja de flor de Pascua
ante la certeza de que al fin
brillarían juntos

una vez más, por siempre

A VECES OLVIDAMOS

"a veces olvidamos
el sabor dulce de los nísperos
—quizás porque sea otoño"

y en esa ocasión
se perdió, de repente, la curiosidad
entre la dejadez
y el cansancio
—aquella que los arropaba
en los inviernos más gélidos
y los refrescaba
en los veranos más cálidos

ignoraron que sus arrugas,
recién nacidas,
tenían tanto que contarse
que los suspiros nocturnos
representaban, en realidad,
una invitación
a continuar soñando juntos

retrocedieron para propulsarse
y con los brazos bien alados
se deslizaron por la vertiente,
se embadurnaron,
y, desde allí, desde el fondo,
enchapuzados, se impulsaron
con fuerza para reencontrarse

"a veces olvidamos
y está bien"

ATARDECERES

tómame de la mano
y saltemos junto al sol

me contaron que allí
perecen las fatigas
y se hacen gárgaras
de jugo de frambuesas

varemos

y sécame en las rocas
que rompen como castañuelas
unas con otras
a las orillas del Pacífico

resguárdame de la resaca
de los golpes del navío
y caréname,
por qué no,
con accesorios ornamentales
que compramos en vidas futuras

[IDENTIDADES EN SOCIEDAD]

*Soy un amasamiento, I am an act of kneading, of uniting and joining
that not only has produced both a creature of darkness
and a creature of light, but also a creature that questions the definitions
of light and dark and gives them new meanings.*
GLORIA ANZALDÚA

For every atom belonging to me as good belongs to you.
WALT WHITMAN

UNICIDAD CELEBRADA [TÚ]

venas entrelazadas

identidad dada
origen
etnicidad
inculcada
[a rellenar]
identidad situada
generación
propulsada
[en contribución]
identidad elegida
educación orientación
política sexual
reclamada
[en construcción]
identidad producida
Enrico
Valeria
Ginés
Diego
Miguel
Teresa
Belén
[por descubrir]

DE PRESTADO [CATALIZADOR]

buenos días gallo *good morning*
       hacía tanto que no te escuchaba

quisiera mimetizarme
si así lo permites
       que te prendieras a mi cintura
       y me prestaras tu cresta

al menos por un día

solo para habituarme

y con ella
llevar tu canto   desgarrado
a la ciudad dormida

para admirar su despertar
despojándose de nuestras
legañas malolientes y
de estas zapatillas de reventa

con el *kikirikí* y el *cock-a-doodle-doo*
reanimaría ¿cándidamente?
a las flores soñolientas
se moverían mis plumas coloridas
y con mi nuevo pico
llamaría a cada puerta

y sí—también orgullosa—en mi última parada
    toda engallada
llegaría picando a su cueva

IDENTIDAD ANIMAL [ANIMAL]

nunca dudes nombrarte
nombrar tu presencia
nunca dudes
ser
      audaz

sé y vibrarán quienes
escuchen tu rugido
al aire

respirarán aromas
del Polo Norte
y sequedades
magrebíes

en galopes
descarnados
aullarán los ecos
que nos conectan

y los corales
adonde nos transportes
nos sorprenderán
iluminando un mundo
de posibilidades

QUIEN NO QUISO SER MIURA [*QUEER*]

crecí
adorando
las estelas
que en ti
se forjaban
en cada escena
manifestando
una pérdida
una victoria
un resquemor
un oleaje
sin fugas
ni salidas aledañas
continuando una carrera
sin meta definida
con un propósito
hecho a medida
con avituallamiento
proveído
a las orillas de
un océano de miuras
relinchando y
bostezando

Y tú.
Pasando de largo.
Orgullo de ti.

#RUTINADELDEPREDADOR
[EL AGRESOR]

mírame AHORA escúchame AHORA agáchate AHORA
date la vuelta AHORA corre AHORA no mires atrás
NUNCA no hables NUNCA mírame AHORA escúchame
AHORA agáchate AHORA date la vuelta AHORA corre
AHORA no mires atrás NUNCA no hables NUNCA
mírame AHORA escúchame AHORA agáchate AHORA
date la vuelta AHORA corre AHORA no mires atrás
NUNCA no hables NUNCA mírame AHORA escúchame
AHORA agáchate AHORA date la vuelta AHORA corre
AHORA no mires atrás NUNCA no hables NUNCA
mírame AHORA escúchame AHORA agáchate AHORA
date la vuelta AHORA corre AHORA no mires atrás
NUNCA no hables NUNCA mírame AHORA escúchame
AHORA agáchate AHORA date la vuelta AHORA corre
AHORA no mires atrás NUNCA no hables NUNCA
mírame AHORA escúchame AHORA agáchate AHORA
date la vuelta AHORA corre AHORA no mires atrás
NUNCA no hables NUNCA mírame AHORA escúchame
AHORA agáchate AHORA date la vuelta AHORA corre
AHORA no mires atrás NUNCA no hables NUNCA
mírame AHORA escúchame AHORA agáchate AHORA
date la vuelta AHORA corre AHORA no mires atrás
NUNCA no hables NUNCA mírame AHORA escúchame
AHORA agáchate AHORA date la vuelta AHORA corre
AHORA no mires atrás NUNCA no hables NUNCA

#THEPREDATOR'SROUTINE
[THE AGRESSOR]

Look at me NOW listen to me NOW get down NOW turn around NOW run NOW never look back NEVER never speak NEVER Look at me NOW listen to me NOW get down NOW turn around NOW run NOW never look back NEVER never speak NEVER Look at me NOW listen to me NOW get down NOW turn around NOW run NOW never look back NEVER never speak NEVER Look at me NOW listen to me NOW get down NOW turn around NOW run NOW never look back NEVER never speak NEVER Look at me NOW listen to me NOW get down NOW turn around NOW run NOW never look back NEVER never speak NEVER Look at me NOW listen to me NOW get down NOW turn around NOW run NOW never look back NEVER never speak NEVER Look at me NOW listen to me NOW get down NOW turn around NOW run NOW never look back NEVER never speak NEVER Look at me NOW listen to me NOW get down NOW turn around NOW run NOW never look back NEVER never speak NEVER Look at me NOW listen to me NOW get down NOW turn around NOW run NOW never look back NEVER never speak NEVER Look at me NOW listen to me NOW get down NOW turn around NOW run NOW never look back NEVER never speak NEVER Look at me NOW listen to me NOW get down NOW turn around NOW run NOW never look back NEVER never speak NEVER

ODA AL-A MIGRANTE
[MIGRANTES DEL DESIERTO]

because they wanted to touch you meet you against
all odds and you — you just don't talk about it
JUAN FELIPE HERRERA

allá

en las áridas tierras fronterizas
los retazos de su vida
se despliegan con descaro
        a través de los rastros textiles
en esas pantuflas deshilachadas
en esos pantalones de mezclilla
en estos listados de la morgue
en estas garrafas deshidratadas

ayer

aquellos gritos silenciados
apresuradamente caminaron
inhóspitos en tu búsqueda
y en la brisa desgarrada del desierto
atravesaron distancias inhumanas
para abrazar a un futuro
que no pudo culminarse
para abrazar a las lágrimas
que llegaron antes de tiempo

hoy

se aproxima el huracán
y con él
ese amigo desconocido
esa confirmación aterrante
esa confirmación sanadora
esa llamada del adiós
se convierten
paulatinamente
en este suspiro eterno
por lo que pudo haber sido

mañana

una orquídea en su mesilla
de sonrisa suave
le recuerda que
la vida *bella* continúa

INSURGENCIA [DECOLONIZADORES]

A Sandra Gamarra y Agustín Pérez Rubio

la estructura de nuevo
salva a los invasores los expone
      los posa incluso los aburre
los extruye en las vitrinas
de lienzos museales

cuando arrasa el extractivismo
y se perpetúan las múltiples formas
de saqueo
      recursos seres territorios saberes
      se amontonan se diluyen se desvanecen
        en otros cuerpos
        —sus ilustrados cuerpos

de vez en noches atrofiadas:

Lindsay, pídeme otra
sal a taconear   taconea
quiebra el escenario
que las bulerías sacudan mis lamentos
que se arranquen las reparaciones de
oro, cobre, litio, de bosques ancestrales

que se vomiten vendimias azucareras.

ANTE LA ADVERSIDAD [ACTIVISTAS]

A Dolores, la que siempre pudo

y, aun así, a pesar de todo
pervivió su resiliencia

quisieron reamarrarse
a cadenas punzantes y resbaladizas
clamando que se alisaran tempestades
con su empuje de barrena
y cántaros al aire

mientras

en la sala de espera *Tic-Tac*
se abría un vacío dominado
por seres legendarios
repleto de varitas mágicas
y destellos estelares

de fondo

dialécticas
—cuestiones necesarias
en esta sociedad de mudanzas—
revelaban confianza parpadeante
desvelando lo inminente

vivencias transitorias
apegadas al brazo de cada uno
que no eran el brazo colectivo
creámoslo o no

al fin
enmascaradas
nuevas dictaduras arrasaron
sumergiendo los enganches
uno a uno
len
ta
men
te
en aquel embalse

¿y las tierras movedizas?

permanecieron ocultas
                    de
                    por
                    vida
vigilantes al crujido
del ala oligárquica en caída
—ríndase la agonía afónicos
continuaron clamando: ¡ríndase!

¿ES EL HOGAR UN DERECHO EN LOS ÁNGELES? [EL GENTRIFICADO]

de cuclillas con mirada desacelerada
repasando sus inmediaciones una y otra vez
de izquierda a derecha de derecha a izquierda
—así, en esta postura incómoda—, escribía esta carta
mi buen amigo en un papel cualquiera:

pudimos resistirnos
al billete en mano
rápido y fácil
al engaño contractual
que abonaba los estadios
—sí, hay quien dice
que pudimos habernos levantado
y haber permanecido en
nuestros balcones floridos y en
nuestras cocinas llenas de vida
y haber continuado saludando
al elotero cada mañana
y riéndonos de los chistes malos
de los hermanos Herrera
sentados en los bancos de la plaza
¿pudimos?
¿pudimos habernos imaginado
lejos de nuestro hogar
aquí tendidos
en inodoros prístinos
que apestan a enriquecimiento
de puertas vecinas?

mientras somos desplazados
quienes pertenecemos
y desplazada es la cultura
de generaciones pasadas y futuras
los que son atraídos por ella
la desintegran
y se quedan preguntando
dónde encontrar la antorcha

la antorcha
que iluminaba las calles
de una continua algarabía
transformada en farolas táctiles
para las aceras ya pulidas
y las paredes blanqueadas
que un día soñaron con ser
murales de nuestra historia

—sí, hay quien dice
que pudimos habernos levantado
nosotros los gentrificados
pero aún nadie responde al qué
nos faltó para poder, porque
si el hogar no es un derecho
¿pudimos? ¿realmente pudimos?

DESDE LA DISTANCIA
[EL EXILIADO POR NECESIDAD PROPIA]

destierro ineludible
nunca arrancará sus raíces

pisadas desde el exilio
revitalizando a Picasso,
Buñuel y Zambrano
perspectiva requerida
que, a menudo, renegamos

óptica dada a los miopes
y, por pedido,
a los de lente en mano

                    este regalo tan allegado
                          tan necesario

tiempo y espacio
salvándonos de espantos
y las campanas de fondo
tocando por unos
para otros tantos
—*for whom the bell tolls?*
por todos, amigo,
por todos,
por el escudero,
por el valiente,
por el borracho

rindiendo unidad nunca emancipando
conmemorando acompañando
momentos desesperados
instantes tan esperados

los que comparto
en un punto
en el tiempo
en un cruce de caminos
en el espacio

y poco a poco
                  revisamos revivimos
                                reanimamos

CONCEPTOS [MI ALTER EGO]

me río del poeta
de aquel que muere de hambre
me río de los genocidios
de los conflictos entre puntos cardinales
me río de las aleluyas del deshielo
en tierras altas
del olor lejano a islas plastificadas

me río de los impuestos
me río de quien los paga
me río de las banderas
de quienes las necesitan
de quienes las idolatran

me río del incesante colonialismo
de las carreras espaciales de bengala
me río del pensamiento crítico de los círculos
intelectuales
de los textos y discusiones elitistas
que excluyen a las masas

me río, sí, me río
me río de los pequeños productores y de las
multinacionales que los arrasan
me río de los sirvientes y de sus carencias
de quienes cuentan céntimo a céntimo sus ganancias
me río del consumismo del capitalismo del wokeismo
me río de las multitudes en parajes naturales

me río de la avaricia, de la negligencia
me río de la urgencia del ayer y del mañana

ingenuo, miope,
de mí

hoy, abatido
por el caos,

solo lloro
por ti

LA UTILIDAD DEL ARTE [LOS CRÍTICOS]

visionario de poesías inertes, penetraste por la ventana
incrédulamente   sin avisar
pero ahí se impusieron las plumas los pinceles
combatientes —abasteciendo penurias con éxito,
replantando semillas de campos secos y
          ardientes

          ante la luz del eclipse
las palomas que habían habitado tierras fértiles
retomaron el vuelo antes de posarse en dunas de plástico
no reciclables — inquebrantables

aquellas palomas te narraron historias que agitaban
nuestros estómagos y nuestros corazones como nunca
antes que hablaban de nuestras mandíbulas y de
nuestras vesículas como nunca antes

y te pidieron, visionario de poesías, no ser inertes

que en el pasear de unas a otras nos conectáramos al
abrirnos desgarradamente nos avivaran al recordarnos
nos plantearan a los sentidos inédita-simultáneamente

y aquí nos posicionaron como nunca antes
buscando llamas posibles en brasas desgastadas avistando
nuestro presente

REFLEXIONES A LOS CINCO AÑOS [NIÑA]

¿quién decidió que las naranjas fueran naranjas?
¿por qué son naranjas?
¿el ratoncito Pérez lleva regalos a los animales cuando se
les caen los dientes?
¿qué regalo le llevará a los cerdos?
quizás les lleve paja
¿dónde se van las personas cuando mueren?
yo creo que no se van a ninguna parte
los corazones sí
los corazones se van a los corazones de otras personas
el corazón de abuelo está en tu corazón

REFLEXIONES A LOS CUARENTA AÑOS
[ADULTO EN EXPANSIÓN]

existe en mis ventanas una clavija que te permite poner
un tope a cuánto se pueden abrir. dos dedos cuatro dedos
cinco dedos.   no   más   aire   . muchos
encontramos esta invención humana útil pues limitar nos
permite controlar —es una historia muy antigua—.

giramos la cabeza ante una puesta de sol que se
prolonga más de lo esperado ante una conversación
que profundiza y expone tus zapatos. creemos saber
cuánto basta para observar la cascada más hermosa
—cinco, diez minutos ¿una hora?— para degustar el
abrazo deseado para interactuar con la sonrisa de un
extraño. parámetros activos para encapsular relaciones
de todo tipo para privarnos de lo impredecible de las
posibilidades ¿de lo innecesario? ¿cuánto más es tu
compañera de trabajo, el amigo con el que compartes
los tragos, el anciano que camina cabizbajo cada mañana
por tu barrio?
cuánto más eres tú
cuánto más sois vosotros
cuánto más somos nosotros

ayer bajé la clavija y una bocanada de aire sacudió mi
cuerpo.

por un atardecer incontrolado.

LOS HIJOS QUE NUNCA TUVIMOS
[LOS QUE ESPERAN Y ESPERAN]

bajo el sauce les hablaría

de pilares estables de mermelada de arándanos de
torres de aguacate de comidas en familia del bullicio
de la música que quita el hambre del amor que rebosa
en su apellido de gargantas preparadas de columpios
incansables

si me dieran su palabra
                         atenta
en sus sueños

les hablaría de cuánto los quisieron de las noches en
vela suplicando su llegada de un universo de aguaceros
recubierto de escarcha del calor de su gente de la cuna
nunca mecida

            nunca cantada

¿de qué querrán que les hablemos nuestros hijos?

LA CHISPA QUE PERVIVE
[EL AMOR MULTICOLOR]

todavía me revuelves me produces cosquilleo —del bueno—
todavía me enamoras
pero
ya no cuando estás conmigo
sino con otros

chispa en el oasis del desierto

CUANDO LLEGUE LA LLUVIA [LUNA]

lloverás gotas de amor
bajo los cántaros que liberan
y entonces te obsequiaré
aterciopeladas violetas
—sea cual sea la arena

acogerás las emociones que
desde pequeña recibiste
con sabiduría y fluirán sin pausa
—sea cual sea la arena

nutriéndote fortaleciendo   el alma amamantada

comprondrás canciones
sazonadas de
limón y miel
y en su agridulce
surgirán preguntas
únicas para tus respuestas   sea cual sea la arena

y, así,
cuando llegue la lluvia,
golondrinas de colores
brincarán sobre ti
y de tu palma emanarán
destellos
de gratitud eterna

INUSADAS [LAS INSATISFECHAS]

INUSADAS, NO INVISIBLES

dícese de aquellas que no están usadas
que están en desuso
infrecuentes desacostumbradas
inhabituales inusuales o inusitadas
—consideradas de valor se cuestionan
subirían de rango sin desperdicio

las vitrinas se llenaron de ellas ¿de ti?:
tazas y teteras de porcelana blanca… y negra y malva
hirviendo en quietud desempolvada

conocedoras de reinos pasados
no eran intentos de vida
son reinas del ahora

in usadas in habituales in usitadas mas
deseosas de ser sentidas tomadas con firmeza
de acogerse y desprenderse
al látigo de cada encuentro

sorbo a sorbo
trago a trago
entre gemidos
y reposos
entre risas
entre halagos

DÉJALO VOLAR [EL-A ARTISTA]

una alcachofa
del miramá
radiando espátulas
de almidón colorado

brincando los surcos
de frente saliente
de aurora boreal
temblando
en el estanque

intrigas palaciegas
que excavan
los recuerdos
de expediciones
al reencuentro

—colosal en efecto
gracias por mostrarme
entusiasmo remendado
inagotable
en el bálsamo vacilante
que nos invade

TU MOMENTO
[QUIENES NOS INVITAN A BAILAR]

con burbujas, por favor, dijo
bailemos un vals
let's waltz away

y así, con impulso gentil, me adentré a deslizarme sobre-entre
las nubes

¿quién te anima a brillar?
¿quién acomoda tu caída y tu vuelo?
¿quién amanece en tu despertar?

[silencio de ojos, boca y vagina complacientes]

NOTA DE CIERRE

LUGARES Y TIEMPOS
PARA EL REENCUENTRO

cuando ya no esté presente cuando tus recuerdos me
llamen y no me encuentren regresa a los jardines salvajes
poco cuidados donde lo sublime de un sol radiante aún
se mezca entre las ramas de nuestros árboles regresa a
las luciérnagas a la oscuridad visible que pinta los ríos
al deleite de los cantos de fondo de cárabos cigarras y
grillos. regresa a los corales al mundo de acuarela a la
vulnerabilidad de las ballenas de los peces tropicales

al poder de la lluvia que se impregna en nuestras sienes
al poder del granizo que templa nuestras venas

regresa a las sábanas recién lavadas a la sonrisa de ojos
acurrucada a media mañana. regresa a este ruidoso
bar donde se brinda por la vida regresa a los vestigios
de mi estimada guarida. regresa y escala las montañas
de granito y arenisca engulle sus nieves recién caídas y
cuando palpes el éxito medita en sus cimas renueva tu
aliento respira

cuando ya no esté presente cuando tus recuerdos me
llamen y no me encuentren,

regresa

DEDICATORIA

para Cantabria
verde de todos los colores
por sus raíces nutridas de poderosa tierra.

para California
grippy y celestial
por sus bondadosas alas de libertad.

para ti.

para tus luces y tus sombras
también.

gracias.

> *to Cantabria*
> *green in all its colors,*
> *for its roots nourished by powerful soil.*

> *to California*
> *grippy and celestial,*
> *for its generous wings of freedom.*

> *to you.*

> *to your light*
> *and your shadow, too.*

> *thank you.*

AGRADECIMIENTOS ESPECIALES

a los primeros lectores y oyentes de este libro cuyas impresiones—y expresiones— me acompañaron hasta la edición final que hoy está en vuestras manos: Lara Salceda, Stacey Travers, Carmen Chacón, Gonzalo Gómez, Audrey Harris, Patrícia Lino, Harryette Mullen, Roberto Domingo, Unaí Naferrete, Emilie Lygren, y Rosana Acquaroni; a mis colegas y estudiantes de UCLA y a todos nuestros socios comunitarios que trabajan día y noche por una sociedad más equitativa—gran parte de los poemas de *identidades en sociedad* nacieron de mis interacciones con vosotros—; a Maite Zubiaurre por su dedicación a la frontera—*Oda al/a migrante* es para ti—; a Adela Baraja, por su ojo generoso; a Greg Cohen cuya obra de portada encapsula con elegancia el sentimiento de estos poemas; y a mi familia, por siempre permitirme ser.

Carla Suhr

ÍNDICE

Nota de cierre